Postikortteja täältä

Postikortteja täältä

Timo-Tapani Kunttu

© 2022 Kunttu, Timo-Tapani
Kustantaja: BoD - Books on Demand, Helsinki, Suomi
Valmistaja: BoD - Books on Demand, Norderstedt, Saksa
ISBN: 978-952-80-6382-7

1. Keskiviikko, pöly tanssittaa katua.
    "Olet tässä".

    2. Väistämättä liikenne jakautuu
        leskenlehtiin ja tupakantumppeihin.

1. Nautitaan siis bensaa ja katsotaan kevättä.

    2. Ajaisiko parran, ottaisiko taksin afrikkaan?

2. Parkkiruudukkoon, vastavaloon
terävään. Maksukyky kuhisee,
profeetan sätkä on sammuva.

2. Liukuovet katkaisevat unensa,
leikkeleet pälyilevät toisiaan.
Täydellisiä siivuja liikevoimaa.
Länkisääri profeetta arpoo seuraavan
hetken lisänumeroita.

2. Tumpataan, selviydytään.

1. Heinittyvä keskiviikko, maatuvia
aitoja kaikessa hiljaisuudessa. Tästä ei
ole karttaa. Tästä on vain poikkeavia
kulkujärjestelyitä.

1. -

1. Tuulen paikka. Ikkunat veivataan
alas, havahdutaan hymyn aiheisiin.
Olemme kadottaneet aikaa, veliseni.

1. Heinittyvien rajojen paikka,
auringon paikka. Kun kuorma on
perillä, se puretaan.

1. Pöly pyörii, liikenne jakautuu.

2. Voit ajaa tai kasvattaa parran.

3. Olet tässä. Voit ottaa taksin afrikkaan, halusit tai et.

YY

10.6.
Lähetys päälle, tuuli riuhtoo oksia. Sieltä tulee
kuunnelmaa.

10.6.
Olen minäkin leikannut ruohoa, pakottanut rauhaan.
Olen kesännöinyt ja tehnyt paluuta lähtöön.

10.6.
Nyt olen liikkeessä, nyt haaveet haihtuvat.
Toivottavasti ponnistukseni muistetaan.

Hei

se olisit sinä

joka kastuisit sateeseen

täällä melkein

ja aina vaarassa

se olisit sinä

joka katosit

muistatko

sinä

osaat olla jo

mitään pyytämättä

tässä likomärässä maailmassa

2.7.
Melkein täällä, sinisenharmaata vihreän takaa.
Ohitan väsyneen paraatin korttelin päästä, isorumpu
paukkuu murrettua koodia. Suuntaan kohti
harvempia välejä.

Se olisit sinä

ja tämä olisi se

kuivempi kesä ennen

syksyä ja perjantai

ja sinä

joka seuraat reunaa

tyvenen tien orapihlajaa

savuja varpusia

siellä täällä

ilman muuta

27.7.
Jos muistan oikein, jos en ole unohtanut väärin, syvät
ja matalat selittämättömästi voivat seurata toisiaan
pihapuiden varjoon. Söisimme omenoita yllämme
kaikkien aikojen taivas. Kunpa voisimme vain syödä
omenoita.

Siellä täällä

puiden lomitse

kaikki on mahdollista

havainnoida

ikään kuin

ihmisen varjona

syyspalatsi

korkea

korkea

melkein talvipäivä

melkein kesäyö

ja tuhat salaista

asiamiestä

palaamassa

tuhanteen

salaiseen

paratiisiin

3.8.
Katso nyt ja näen talvipuutarhaan siipiä, näen lintuja,
vallankumouksen siemeniä kuivassa heinässä,
risusavotassa loppuelämän, näen lyhyitä matkoja
mokkatakissa, klovnilajin parempia puolia, näen
metsän läpi välirauhaan jota emme tahdo kestää ja
suorat savut, katso
näen
kaikki
hyvin.

KAA

13.8.
Missä kaikki ovat?

15.8.
Missä, veljeni, missä?

17.8.
Meidän on tavattava.

Valloittamassa avaruutta
tietysti

Tietysti puolitajuttomana
huvipuistossa

Hätistettävä pahvisiipiset apinat

Tällä välin ringeissä
tarinoita jonoista tulisia
turhuuksia pimeästä tuolla
puolen ihmisen hämärää

7.9.
Tällä välin unohdamme kaiken.
Mutta kaikki ei unohdu.

Tällä välin

elää vaikka

täysillä kuten

sukeltaa merkkejä auringosta

hakata mattoja pikkupakkasessa

uneksia katoamisesta kissojen ja koirien yöhön

ja aamuun nyt kun lapsetkin jo tekevät purkkapalloja suullaan

31.9.
Kevyttä puhetta veljeni nyt
kun lunta sataa harvakseen.
Kevyttä puhetta,
koska kaiken on jatkuttava.

YY

1.6.
Leutoa läpivetoa
teepussien kuivuessa
kuolleen pilapiirtäjän hengessä
kaikkitietävä radioaamu
itsensä kanssa juttusilla
talouskasvun ulkopuolisesta elämästä

                    Fiilispohjalta
            nousee
Aurinko

Vääjäämättä
kaikki käy
kuin luonnostaan
toivoa
ruumiisi kaiken
kaikenhitaita
kuukausia
syvää sinistä
kiireettömyyttä
odottaa yhtä
kyytiä
yhtä
kaikki odottaa

3.8.
toisin sanoen
paranormaalia huomenta
lausua runoja radiopuhelimeen
kulkea koiran perässä kaukaisemmille pelloille
Varhain kyntää harmaata harmaalla
kun rekat ajavat ohi ja eteenpäin
Ohi ohi ja eteenpäin

KAA

12.9.
Niin paljon savuttavia ihmeitä tässä
nihkeässä ennen antautumista. Mitä
kaikkea ei tarvita lähtöön kun paluu on
loppunut. Hampailla hymyileviä
kavereruksia riista-aidalla,
viikatemiestä ja jobbaria. Valoissa
hiiltynyttä apinanlihaa.

Uskoisitko

että uusinta mallia

vanhinta ennen hengitystä

raskasta jälkeen kaiken sen

tinkaamisen hyökkäysvaunusta

kun nousee myttyyn

mennyt kersa

ja sovitaanko nyt niin

ettei talvirenkaita ei mutkia

asiakaspalvelua aikamme vitsausta

että se raha on mennyttä mennyttä

että hankin nyt vähiten

likaiset likaiset sukkani

haihdun näistä maisemista

ja myöhäistä nyt alkaa

nauhoitteleen puheluita

4.10.
Aika joustaa taas. Seisominen sängynlaidalla edistää terveyttä ja hampaat on harjattava ennen kuin koira käynnistyy. Asiat ovat kehkeytyneet, taulukosta puuttuu sarake näille voimille ja viimeistelyn jälkeen tarvitsee vain huoltaa kahvat säännöllisesti.

Mitä olisikaan melkein nousta mudasta lähteä
ja jäädä kun kypärä painaa, pilli soi,
kun avaimet hankaavat taskussa
eivätkä turhat lihakset halua olla turhia.

KOO

13.10.

Nyt kaikkensa antanut yleisö lukitsee kädet
taskuun, katseen vaieten lekuttaviin tähtiin.

Antaa radion jankata paranormaaleista
ilmiöistä itsensä kanssa, antaa aaltojen
kiertää.

Tämän ajan uskon kaiken.

Hampaankolosssa

viestilippujen syyskevät

hieman sivussa parempaa

banaanilaatikoiden

seepianhohteessa

jatkaa

karttaa

näyttää

palaa

osoittaa aika

paljon reikiä

Niin kuin sieltä
tänne täältä
sataa sinne

5.11.
Jokin nousee kuin kukka, kerran on värini
keltainen. Leuanvetoja sarastuksessa.

Postikortteja täältä

Näin

lähdin ja jäin

piru kintereillä

yö huohottaa

kun kätken merkkejä

mitä muutakaan

kätken ne hyvin

niin hyvin

väsynyttä legendaa

hitaimmasta itsemurhasta

sirkuksen historiassa kirjoitan

mitä muutakaan uuteen lumeen

ja vanhaan kirjoitan sinulle

kirjoitan muinaisille

avaruusolennoille

niin että nyt jos koskaan

terveiset afrikasta!

Kas näin itketään vain karaokea, väännetään taksijonossa ain, tulee lunta, on melkein joulu, on miltei kevättä, väsynyttä mutta onnellista valoa, mustaa loskaa pientareella. Kas näin katse vanhan kuparisilmän tarkentaa kaukaa lähelle täällä.

ja tapahtuikin
niinä päivinä silleesti että
verenpunaisesta auringosta laskettiin
uudet rajat läskille brenkulle röökille
sateille seuraaville junille ja meille
jotkeinyt oikein jouda kauppaa kilpailua
uhraamista joka pyhä päivä ja yö
paijaamisen & makupalojen
tuhmille jumalille

Silmäkulmassanne juuri nyt, arvon naiset ja herrat, jättäytymässä takavasemmalle: Äiti, tytär, jonkun poika ja Valioliiga. Aurinko kytee loskanpaisumuksessa, kahvi on hyvää tervamustaa ja ennusteet lupaavat hiekkaa merten taa, suureen suuhun hampaissa kirskuvan kielen. Täällä tehdään silmäpareja ja vaihdetaan katseita omiksi tarpeiksi: kuka sinä olet, oletko sinä, sinähän taidatkin olla. Neljä on askelmaa kadulle ja keittiöön, kolmea käy kello aina vaan ja aina on joku tuloillaan. Täällä sanotaan, että yksi on varma. Aurinko palaa ja harva sitä tietää niin kuin Äiti, tytär ja jonkun poika. On niittämätön heinä niittämättä tänäkin kesänä.

Jos jotain
tiedämme
olemme
varmoja tiiviitä
kirkkaita kehiä
kuuma putki takaraivossa
kun ruusut sulkeutuvat
ja ehkä ehkäpä
kun Meidän Asiamme
on artikuloitu
kyllin selkeästi
voimme lentää
lentää

Täydellistä on heidän mielestään myös kultaisen auringon alla pinota halkoja tai ajaa polkuautoa. Näissä puitteissa he koettavat olla kilttejä meistä pienimmille ja kaljuimmille, näissä puitteissa lunta ripottelee lehdille, varpuset tirskuvat onnesta halkeamaisillaan ja hanhet pakenevat laivueittain. Kaikki on edullista näissä puitteissa, kaikki kohtuullisempaa kuin uskotkaan, kun lokakuun helikopterit harjoittelevat lämmintä sotaa ja he syövät aamussa leipää hapatettua ja happamatonta.

Ihan hiljaa

ensin yksi

sitten toinen

viimein jalat

Me tulemme taas

kaikkeuden lähettiläät

kissoinemme ja koirinemme

ihan hiljaa

hissun kissun

irti

vapaana

puolitutun näköisinä

tervehdimme

niin ettei

kukaan huomaa

alas puulta

kohti puurajaa

Kesä alkaa olla täysi. Hän on kaikkien lemmikki, nojaa leukaa kämmeneen ja hymyilee selvästi leveämmin jo. Katsoo avoimesta ikkunasta sitä kaikkea mahdottoman vihreää eikä kerro, kenet aikoo tavata seuraavaksi. Tämäkin on ikuistettu.

jos
kaiken päivää
käytän oikeuttani
ihmeisiin
katson auringon
palasiksi
kun

Suljen silmäni, katson itseni lähettämättömään uneen. Olet siellä ja täällä. Käy niinkin, että avaan silmäni. Olet siellä.

samaan aikaan

juna-asemalla lauantaina

pyykkituvalla sunnuntaina

valkoinen kesä

poimittava hetki

annetaan olla

kun on

ja jatkuu

leikki jatkuu kaikki

sinustakin

kerrotaan satuja hetken

totena sinutkin vielä

ammutaan tavattaessa

universumiin

Mitä on lentää: Sinäkin joudut huutamaan katumelun yli, hänkin on lihava ja kuvaa nähtävyyksiä almujen varassa. Kulkekaa ilman pelkoa, te kojootin koskettamat, kulkekaa kuljettuannekin.

kuten

hitaasti palaa

jokainen

jokin

heinän perheessä

vuosi

vuodelta

jälkikasvua yli

huimien etäisyyksien

Makea elämä, rapattu talo rinteessä, rajapuun alla paloauto suurella kiertoretkellä, kuten minun, sinun ja heidän lapset ja pihlajanmarjat auringossa.

niin

olen

minäkin jo

lapsi sylissä

hökkelikylän

pipo päässä

alla safiirinsinisen

synnyintaivaan

aurinkoni katsoin

lasihelmiin

joita kuin leipiä

rosvoille heittelin

töyräällä mustan aukon

minä, veljesi

ja iltapäivä on jo pitkällä

Niin kuin ruoho,
niin
kuin kukkanen

Niin sinäkin kasvatat varjosi valossa
kyselet lippukojuilta kaadetuilta aidoilta
kuinka pitkälti vielä
luvattuun maahan ja ohi

Ei kauaakaan ei kauaa
nyt nyt ja huomenna
aika lopettaa
pistinharjoitukset

Kuuntele siis tarkasti...

tuolla

heinäsirkkojen taajuudella

olet löytävä heimosi

keitaalla

ajan loputtua

olet oppiva tanssimaan

niin kuin tuuli niin kuin rahtari
tapahtumahorisontissa virtaa 28%
tunnusluvut ja pehmytkudokset niin
kuin aamuasfaltti taivasta myöten
auki

Niin kuin viikko jotenkin alkoi
hitaasti ja kesken kaiken,
vanhempien jumalten tulilta
kylmäaseman   kulmille
kompuroiden. Nuori taivas
vielä kiinni maassa, taivas
koneille kannattamaton.

Maa kääntyy tähän vuodenaikaan
emmekä pelkää, sillä ilta jotenkin
luvattu on leppeä, on pilvetön, ja mitä
kaikkea voidaankaan sanoa tähtien
syttymisestä.

kun yö saapuu

rajaa paratiisin puheet

tunnistamattomiin

lentäviin kohteisiin

nuotiomme yllä

aina silloin nyt

on matkamme

ihmeellinen

Pakkasyön jälkeen
kirkkaus
sataa säihkyviä
lehtiä

Leijailkaa lehdet

eilisen huomisen